# Raus

# aus der Mitte

## Erzählende Reisegedichte

## Von

## **Elfie Vierthaler**

Alle Rechte liegen bei der Autorin

Herstellung L i b r i Books on Demand

I S B N  3-8311-0573-1

# Inhalt

# Inhalt

# 1. gen Osten

## Lauenburg in Pommern

Oft gehen meine Gedanken nach Lauenburg im Pommerland,

das im 12. Jahrhundert durch den Deutschritterorden entstand,

dessen prächtiges Ordensschloß im zweiten Weltkrieg teils zerstört,

das uns seit 45 schon nicht mehr gehört.

In uns völlig fremder Sprache wird nun dort Gericht gehalten.

Andere Kräfte können jetzt in der alten Kreisstadt walten.

Den Anfeindungen getrotzt hat das spätgotische Gotteshaus:

Die Jacobi-Kirche, sie schaut noch übers kranke Land hinaus.

Wie vertraut sind Marktplatz und das spitztürmige Rathaus mir,

die Wilhelmshöhe mit Bismarckturm, Luisenstr. 4,

das noble Hotel Katschke und der eckige Efeuturm gar,

großzügig erbaute Hochschule mit Rundbögen, wunderbar,

mit riesiger Eingangshalle, Hörsälen, Seminarräumen,

bunte Blumen im Innengarten zum Erholen und Träumen,

mit den Musikzellen im ersten Stock und langem Seitentrakt,

in dem die Studentinnen übten Noten, Etüden und Takt.

Viele Tausende erlebten hier Gemeinsamkeit, Frohsinn, Sang,

ein Stück ihrer Jugend und wurden geformt für ihr Leben lang.

Lauenburg i. P.      Kath. Kirche

Aus „Heimatbuch Kreis Lauenburg" Druck: Luyken, Gummersbach

*Lauenburg: Steubenbrücke — Gebäude der Ortskrankenkasse*

*Hotel Preußenhof — Katschke — Ecke Parade- und Koppelstraße*

9

*An der Wilhelmshöhe*

Lauenburg, i. Pom.,
Schwanenteich mit Ehrenmal.

9a

## Lonske-Düne

O, dieser wunderschöne Ostseestrand!
Sonnenerwärmter, feiner weißer Sand!
Durchsichtiges Meer, zum Baden bereit,
nicht Ebbe noch Flut bestimmt die Zeit.
Deine Wellen rauschen zu mir heran,
mein Auge blinzelt ins Weite himmelan.
Und dann vor mir die Düne, Naturwerk!
Nicht langgestreckt, nein, die Höhe wie ein Berg.
Wanderdüne, ins Landesinnere strebt,
sich gigantisch in der Landschaft abhebt.
Ständig rieselt dein aufgetürmter Sand
südwärts in das geliebte Pommernland.
Vom Seewind wirst du fortwährend bewegt,
der dich seit Jahrhunderten weiterträgt.

10

Lonzkedüne bei Leba mit Lebasee

*Leba, die wandernde Lonskedüne*

11

## *L e b a*

Bist eingereiht in die Kette
deutscher Bäder an der Ostsee,
standest an anderer Stätte
vor der Sturmflut furchtbarem Weh,

wurdest östlich neu errichtet,
der Fischerei-Hafen erbaut,
Fischprodukte wurd'n vernichtet,
doch mit Fleiß in die Zukunft g'schaut.

Dein Speiseeis ging ins ganz' Land,
erworben wurde das Stadtrecht,
und Leute von höherem Stand
nahm'n vorlieb mit Strohdachgeflecht

zur Erholung von Alltags Plag
an Küstenfluß und Leba-See,
schau'n wo die Kaschubische Schweiz lag,
wogende Felder, Meterhöh'.

Das Naturschutzgebiet 'ne Pracht,
vielfältig für alle Menschen.
In Wäldern Blautannen, gemacht
zu Gottes Lob im Blauen Ländchen.

*Leba*

*Die Badeanstalt direkt am Ostseestrand*

*Ältestes Wochenendhaus bei Leba*

## Freie Stadt Danzig

Du begrüßtest mich mit Deinem Wahrzeichen,
an der Mottlau gelegen, ohnegleichen;
Schmuck des Hafens, zauberhaftes Krantor,
als Kronzeuge der Hansezeit schaust du hervor,
erzählst uns von Mut und Unternehmensgeist,
der auf Meere und fremde Länder hinweist.

Die Marienkirche, Burg Gottes genannt,
in dem gotischen, roten Backsteingewand.
Der Artushof, das große Versammlungshaus
Am Langen Markt  schaut  repräsentativ aus.
Die Stadtmauern mit den zahlreichen Türmen,
den Toren, schützte vor feindlichen Stürmen.

Prächtige Bürgerhäuser mit Beischlägen,
vor der Haustür an der Straße gelegen,
kleine Terrassen und Treppen typisch,
Architektur im Ostseeraum üblich.
Wunderschöne, ehrwürdige, alte Stadt,
die auch heute noch unsere Liebe hat!

Krantor in Danzig (1443)

Danzig                                              Hauptbahnhof

15 a

## Bernstein-Kette

Als wertvoll bezeichnet dich der Juwelier,
kostbar und einmalig bist du mir,
hast einfach perlenförmige Kugeln nicht,
sondern ein kunstvoll geformtes Angesicht,
liegst anschmiegsam flach auf dem Dekolleté´,
quadratische Steine verschiedener Höh',
Rechtecke und Rauten, Runde dazwischen,
war'n wohl ein sehr großer Klumpen beim Fischen,
deutsches Gold der herrlichen Bernsteinküste,
so manchen  Ostseebewohners Gelüste,
ein Geschenk meines Vaters, der hier schon war,
ehe ich das wunderschöne Samland sah.

Foto
r.Vierthaler

16

## Marienburg

Ich reiste auch ins Westpreußen-Land,
nicht all' unser'n Deutschen wohlbekannt.
Dabei zeugt es von Pionier-Ruhm,
dem mächtigen Ordensrittertum,
Marienburg, Bauschaffens Krone,
20 m Hochschloß, Gott zum Lohne,
mit seinem Speise- und Versammlungssaal,
dem Remter, schlanke Pfeiler überall
und den zarten Gewölbe-Rippen,
kostbare Wappen älterer Sippen,
herrliche Leuchter, Glasmalerei,
ringsum breite Wehrmauern und Bastei;
und außen an der Kapelle Chor
ragt die Marienstatue empor,
schaut über die Nogatbrücken zur Stadt,
die auch den Stempel der Ritter hat.

Den Nordflügel der Marienburg nahm die Marienkirche ein, auch sie, schon für sich allein betrachtet, ein hervorragendes Baudenkmal deutscher Gotik. An der Außenwand ihres Chores befand sich eine monumentale Darstellung der Schutzpatronin von Kirche und Burg, die weithin sichtbare, acht Meter hohe Kolossalfigur der heiligen Jungfrau Maria

Aus Dr. Franz Burda
„Nie vergessene Heimat"

18

Unter den Toren der Marienburg war in hohem Maße charakteristisch für die Art, wie die Verteidigungsanlagen der Deutschritter-Burgen beschaffen waren, das der Nogat zugewandte West-Tor. Der Durchlaß wurde von zwei vorspringenden Rundtürmen flankiert, die für jeden, der hier einzudringen versuchte, eine schwere Bedrohung bedeuteten

Aus Dr. Franz Burda
„Nie vergessene Heimat"

19

## Königsberg

Deutschlands historisches und kulturelles Zentrum im Osten,

lagst schon nach dem ersten Weltkrieg etwas auf
verlor'nem Posten;

denn drang man vom „Reich" – wie Ostpreußen sagten –
mit der Eisenbahn vor,

ging's durch den unserem Land abgetrennten polnischen
Korridor,

Zugpersonal wechselte und die Waggons wurden
verschlossen.

Ernste, stumme Kontrolle der Pässe hat manchen
verdrossen.

Aber in Königsberg erfreute der Dom mit seiner Türme Paar
auf der Kneiphofinsel und dem wundervoll barock'nen
Altar.

Es grüßte die Universität, weltweit bekannt.
Hier lehrte erfolgreich der bedeutende Immanuel Kant.
Vertraut war'n mir auch der Fischmarkt, Steindamm,
Nordbahnhof mit großer Uhr,
von dem man zu den schönen Bädern Warnicken,
Rauschen, Cranz abfuhr.

Und das stattliche alte Schloß, in mächtigem Viereck
erbaut,

in dem ich mir auch die vielen kostbaren Schätze
angeschaut:

das Bernstein-Museum mit tausenden von Exponaten.
Doch das berühmte Bernstein-Zimmer – soviel wir auch
baten –

konnten wir 1944 nicht mehr bestaunen.
Es war schon ausgelagert, man hörte allerlei raunen.

Vor kriegerischen Gewalteinflüssen war es auf der Flucht
und wird trotz großem Bemühen bis heute vergeblich
gesucht.

KÖNIGSBERG . DOM

Königsberg / Pr. – Universität

Königsberg i. Pr. – Schloß

22 a

Königsberg i. Pr.
Universität

22 b

Königsberg i. Pr., Schloß mit Kaiser Wilhelm-Platz

## Hindenburg

Wer kennt ihn nicht, den ad'ligen Feldmarschall,
dessen Name in Deutschland überall!
Im ersten Weltkrieg verteidigte er
im östlichen Ostpreußen mit dem Heer
das deutsche Land vor Russenübermacht;
der Vorfahren Niederlage gutgemacht,
die gegen Slawen 1410
den tapferen Kampf nicht konnten besteh'n.
Zum Reichspräsidenten wurd' er ernannt,
nach seinem Tod mit riesigem Aufwand
gebettet im Tannenberg-Denkmal
mit Innenräumen, jeder wie ein Saal,
im geschloss'nen Rund acht Vierecktürme,
errichtet gegen östliche Stürme.
Mehr Ehrengräber sollten entstehen,
aber wie's kam war nicht vorgesehen.
Hochmut, Machtgier schufen der Gegner viel,
daß Großdeutschland in Schutt und Asche fiel.
Hindenburg man in Reiches Mitte holt,
weil man's Tannenberg-Denkmal sprengen wollt'.
Geglückt ist es aber nicht zum Best',
die Grundmauern standen viel zu fest.
Traurig sieht's heut aus im dort'gen Raum,
Reisende könn'n erreichen ihn kaum.
In Zeitnot wird ihnen empfohlen
das  bescheidene Tannenberg-Mal der Polen.

Aus Osteroder Zeitung,
Osterode/Ostpreußen
"Tannenberg u. seine Gräber"

Am 7. August 1934 wird Reichspräsident von
Hindenburg in dem riesigen Ehrenmal bei Tannen-
berg in Ostpreußen bestattet. Alle Macht ist jetzt
in Hitlers Hand: Er wird Hindenburgs Nachfolger,
auf ihn wird die Reichswehr vereidigt

25

Hohenstein, Ostpr. 19.1.1944. Kgr.

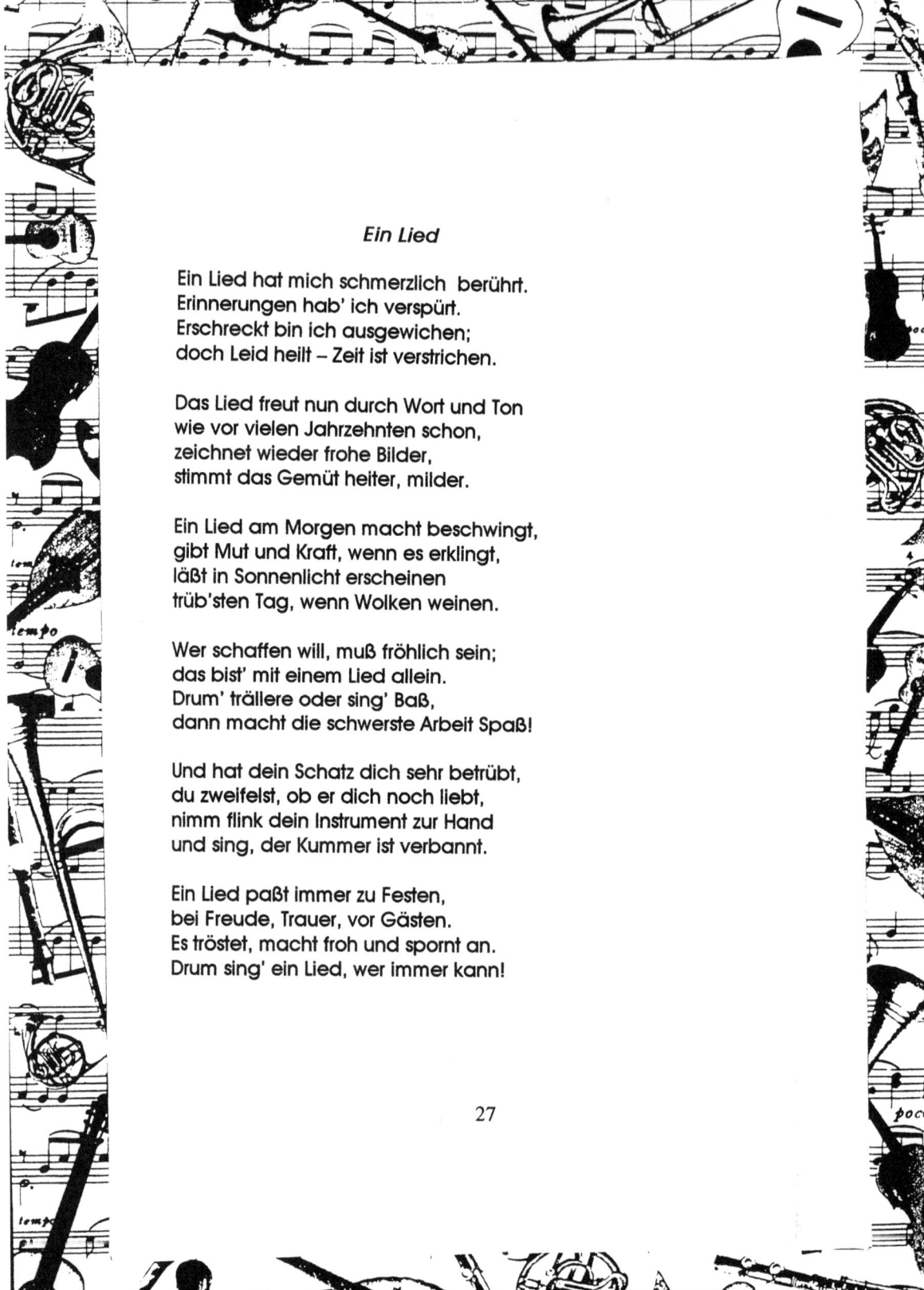

### Ein Lied

Ein Lied hat mich schmerzlich berührt.
Erinnerungen hab' ich verspürt.
Erschreckt bin ich ausgewichen;
doch Leid heilt – Zeit ist verstrichen.

Das Lied freut nun durch Wort und Ton
wie vor vielen Jahrzehnten schon,
zeichnet wieder frohe Bilder,
stimmt das Gemüt heiter, milder.

Ein Lied am Morgen macht beschwingt,
gibt Mut und Kraft, wenn es erklingt,
läßt in Sonnenlicht erscheinen
trüb'sten Tag, wenn Wolken weinen.

Wer schaffen will, muß fröhlich sein;
das bist' mit einem Lied allein.
Drum' trällere oder sing' Baß,
dann macht die schwerste Arbeit Spaß!

Und hat dein Schatz dich sehr betrübt,
du zweifelst, ob er dich noch liebt,
nimm flink dein Instrument zur Hand
und sing, der Kummer ist verbannt.

Ein Lied paßt immer zu Festen,
bei Freude, Trauer, vor Gästen.
Es tröstet, macht froh und spornt an.
Drum sing' ein Lied, wer immer kann!

# Taiga

Text Hildegard Ullraum
Mel. + Satz Lothar Ullraum

mäßiges 6/8-Tempo

schnell

Nordsibiriens Sturmwind fegt mächtig mit uns graus,
Papieroch meublin Wal-de heult nachts die Wölfe laut,
Teuflisch reitet Son-ja wild durch das Feld im Mai,

halb gedückt am Tai ga-saum steht ein kleines Haus
stunden lang hing ich oft nach bis der Morgen graut
läuft das Gäulchen wiehernd froh schreit sie laut da-

Drunnen stimmt ganz leis' der Samo-w...
Son-n Täubchen, Inn-er Sonnen-schein
Denn ein Stück Li- kiens Lankeit steckt

28

## Januar

Seit drei Wochen Frost und Schnee,
zugefroren jeder See,
keine Schiffahrt auf dem Fluß,
Auto steht, das fahren muß.

Überfüllt die Straßenbahn,
Zug und Busse außer Plan,
und die Schulkinder zu Haus,
machen weiter Urlaubspaus'.

fahren Schlittschuh wie für'n Preis,
spielen Hockey auf dem Eis,
nehmen jeden Berg geschwind
mit dem Schlitten wie der Wind.

Doch die Zeitung jeden Tag
in der Röhre sechs Uhr Schlag,
daß wir mit der Welt verbunden.
Unserm Träger Dank der Kunden!

Und dem Postboten ein Lob,
der sein Fahrrad täglich schob
durch den Schnee und über Eis,
daß ich alles Neue weiß.

# 2. an die äußerste Südgrenze

## Der Bodensee

Schöner Bodensee, Schwäbisch' Meer genannt,
Urlaubsziel, mir seit der Kindheit bekannt.
Die „Weiße Flotte" durchquert klares Blau,
bringt Gäste nach Uhldingen und Reichenau,
gewährt den Blick auf der Alpen Höh'
und Erkennen der See-Strandbäder Näh',
wo auch ich achtjährig viel Mut bewies,
mich auf der Rutschbahn in 'n See sausen ließ.
Nach  B a d   S c h a c h e n   es die Chaussee entlang
geht,
an der Apfelbaum an Birnbaum steht.
Das Fallobst ließen wir uns immer schmecken,
sollt' unsern Vitamin-Bedarf decken.

Beim Abend-Promenieren in  K o n s t a n z
waren wir bezaubert vom Lichterglanz;
denn wir wohnten damals in Köln am Rhein,
wo Alarm und Verdunkelung war'n's Dasein.
Es herrschte Krieg, das zweite Jahr bereits.
Man sollte nicht sehen die Grenze zur Schweiz.
Hier gingen wir gern zum Nachbarvolk rüber,
Schweizer Schokolade aßen wir lieber.

L i n d a u  berühmt durch die Hafeneinfahrt,
da Leuchtturm und Löwe schützend gepaart,
hat Festland und Insel aufzuweisen.
Auch Altstadt und Rathaus will ich preisen,
imponierend und  prachtvoll bunt bemalt,
und die Seebrücke festlich angestrahlt!

.indau bei Nacht: Leuchtturm und bayerischer Löwe

Dumont:
"Bodensee"

33

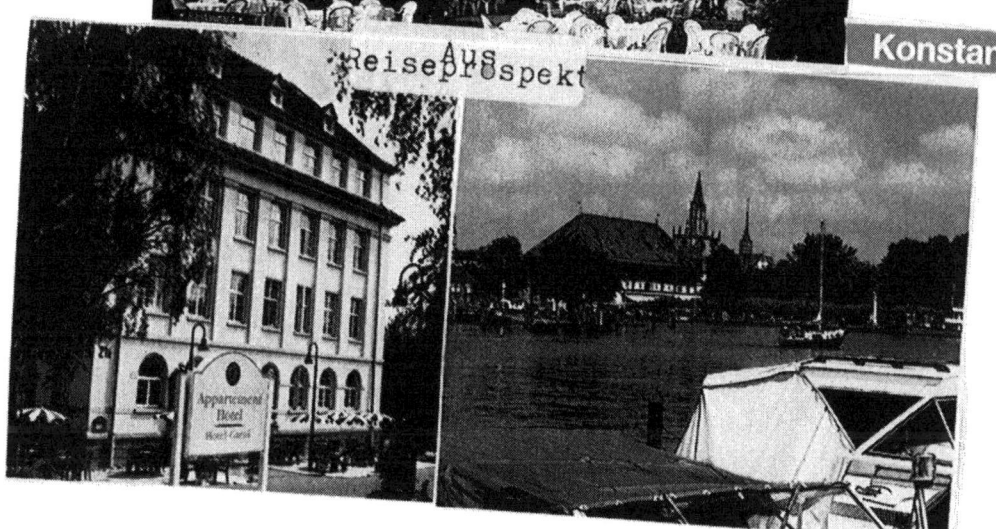

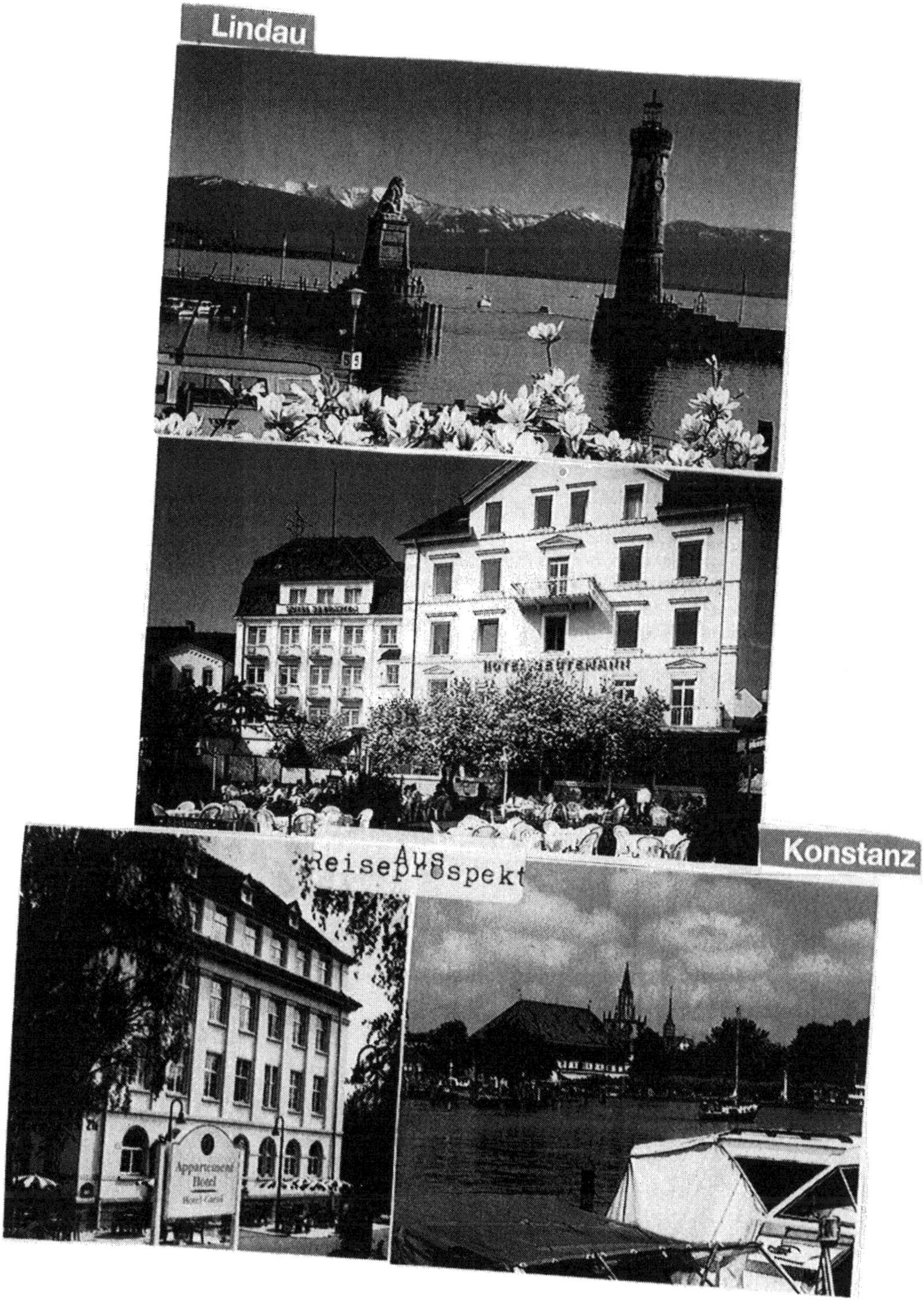
Lindau
Aus
Reiseprospekt
Konstanz
Appartement
Hotel

M e e r s b u r g  schon weit vom See her zu sehen,
wo Winde um den Schloßturm wehen,
der hoch aufragend schaut übers Weinland,
majestätisch bereits vor tausend Jahren stand,
mittelalterliches Fachwerk ringsum,
Stadttore erzählen vom Altertum.
Annette von Droste-Hülshoff gern blieb,
uns romantische Lyrik niederschrieb.

Als ich später nach  Ü b e r l i n g e n  fuhr,
absolvierte nervenstärkende Kneippkur,
bestieg ich nach Anwendungen 'nen  Kahn,
ruderte an Segler und Dampfer ran,
sprang im hellen Sonnenschein in den See,
schwamm um's Boot und hievte mich in die Höh'.
Konnte dann nachts ruhig und tief schlafen,
träumte von Regatta und Jachthafen.

Zur Insel  M a i n a u  sind wir vor sechzig Jahren
mit dem Fahrrad über die Brücke gefahren.
Es herrschte noch wilder Naturzustand,
den Graf Lennart Bernadotte überwand,
das Gelände zum „Blumenschiff" wandelte,
mit dem Herzog über's  Schloß verhandelte,
die barocke Marienkirche ausschmücken ließ,
den Park gestaltete zum Paradies.

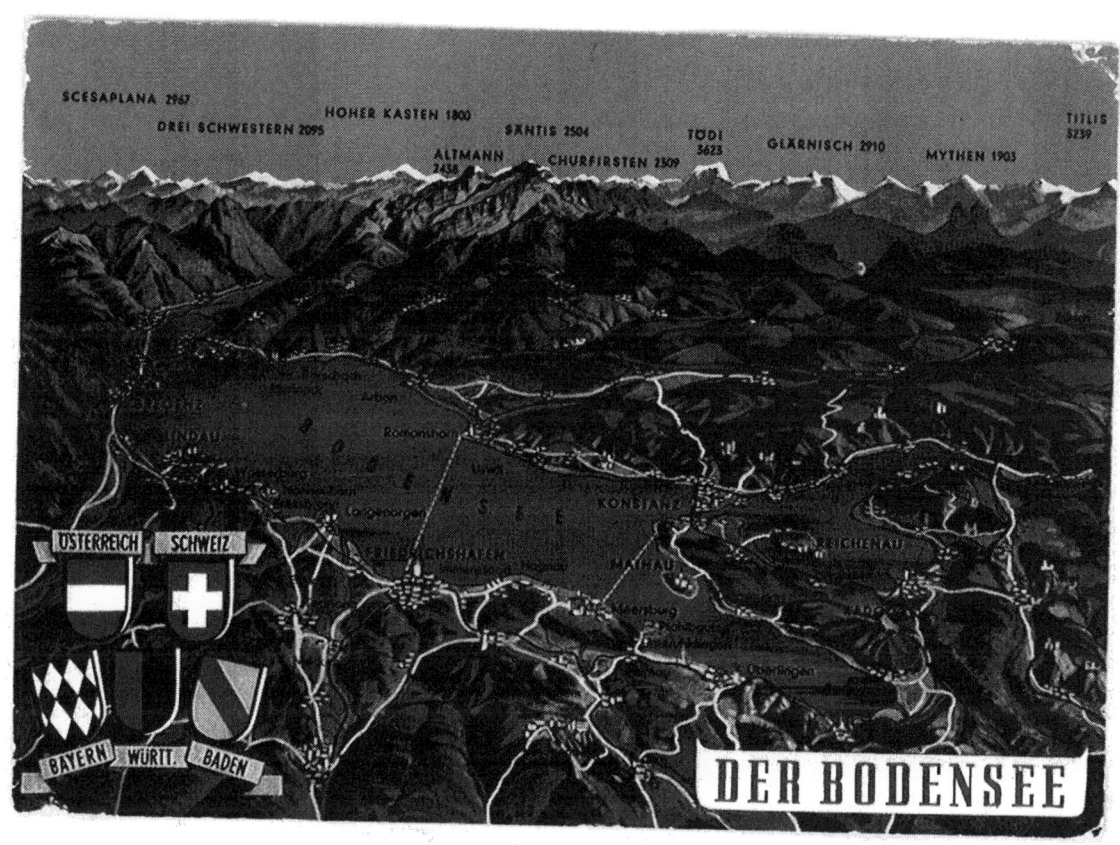

DER BODENSEE

Meersburg

Badhotel Überlingen

# Kinderland

Foto
E.Vierthaler

# Mainau Rosengarten

Foto
E.Vierthaler

## Allgäu

Das Allgäu war die Idee von Bekannten,
die uns eine   Privat-Pension nannten.
Sie war sehr gemütlich, blitzsauber, nicht sehr groß.
Leider regnete es die vierzehn Tage bloß.
Doch wir genossen die gute Luft beim Wandern,
kletterten auf die Höh'n, eine nach der ander'n.
Abends wurde gesungen, erzählt,  gelacht.
Einmal hat ein Bursch' uns Edelweiß gebracht.


## Oberstdorf

Oberstdorf Landes südlicher Zipfel,
hat den bedeutenden Nebelhorn-Gipfel.
Morgens um fünf brachen wir tapfer auf,
kletterten stundenlang stetig bergauf,
erreichten das Plateau mit Restaurant,
machten uns vor der letzten Stunde nicht bang.
Die  sollte es dauern bis zur  Spitze;
dabei herrschte hier schon große Hitze.
Viele Gäste im Badeanzug sonnten,
wir erst einmal Brotzeit machen konnten.
Dann stapften wir mühsam durch tiefen Schnee
und erlebten den Blick von höchster Höh'
auf majestätische Bergmassive,
still da liegend, als ob alles schliefe.

Wir bestaunten ergriffen der Schöpfung Pracht,
Gottes Größe, wunderbarer Natur Macht.
Doch plötzlich sahen wir gar nichts mehr.
Wolkenmassen schwebten geschwind daher,
umhüllten den Berg wie in flinkem Spiel.
Uns aber umschlich ein Angstgefühl.
Wir begannen den Abstieg, ausdauerbereit.
Keine Bergbahnfahrt! Fußmarsch zu zweit!
Ein Schuhabsatz im Schnee-Schmelzwasser blieb.
Abends trösten die Knödel, die uns so lieb.

# Allgäu

# Allgäu

## Kleinwalsertal 1100 m

Bekanntes Hochtal in besonders reizvoller Lage, mit den Orten Riezlern, Hirschegg, Mittelberg und Baad. Ruhige Seitentäler mit ausgedehntem Wegenetz bieten herrliche Wanderungen in der urwüchsigen Bergwelt. Kabinenbahnen in Riezlern und Mittelberg, mehrere Sessellifte. Vielseitiges Unterhaltungsangebot, Sommerfeste, Walser Museum, Ausflugsfahrten, Spielcasino. Beheizbares Schwimmbad in Riezlern, Tennishalle, Tenniscenter mit Flutlicht, Bergsteigerschule, geführte Wanderungen. Wanderwettbewerbe, Reiten, Sportangeln, Naturlehrpfad, Trimmpfade, Kinderfeste.
**Bahnstation:** Oberstdorf, ca. 16 km.

42 a

## *Breitach - Klamm*

Am Ausgang des Kleinen Walsertal
besuchten wir zum allerersten Mal
die Breitach-Klamm, tiefeingeschnittene Schlucht,
senkrecht hoch, dunkel und schmal  -  eine  Wucht!
Ängstigend überhängende Felswände,
herunterrauschendes Wasser ohne Ende,
der Felsengang gefährlich glitschig naß,
Abgrund und Höhe, ganz ohne Maß!
Erlebnis gewaltiger Natur-Einsamkeit,
Gebilde aus uralter Zeit.

# Sucht

Der Spieler ist ein armer Tropf,
bringt sich um Haus und Kragenknopf.

Wer trinkt zu gerne Alkohol,
fühlt sich in seiner Haut nicht wohl.

Sucht ist auch Lust auf den Kaffee,
und Drogen bringen Leid und Weh.

Nicht Nikotin das Leben würzt,
es wird nur oft dadurch verkürzt!

Das alles könnte ich gut meiden,
würd' ich nicht unter Sehn*sucht* leiden.

Und alles dies brauch' ich gar nicht,
seh' ich nur bald Dein lieb Gesicht.

Mein armes Herze ist arg bang,
die Tage werden doch so lang!

Ich freu' mich sehr auf's Wiederseh'n
und laß Dich nie allein mehr geh'n.

# 3. länderreicher Westen

# Kaiserstadt Aachen

Die uns nahe Grenzen im Westen
kennen Rheinländer natürlich am besten.
Da ist die alte Kaiserstadt Aachen.
In ihr treffen zusammen drei Sprachen;
denn an Aachens großes Stadtgebiet
Belgien und Niederlande geriet.
Der Karolinger Dom durch Baukunst bekannt,
als erster zum Welt-Kulturerbe ernannt,
mit achteckiger Pfalzkapelle im Kern
und sechzehn-eckigem Umgang, wie ein Stern
das bedeutendste Denkmal karolingischer Zeit
wurde bereits 800 nach Christus geweiht.
Auch das Rathaus zeigt alte Bausubstanz,
im Reichssaal der Fresken prachtvoller Glanz.
Aachen ist auch beliebtes Kurbad.
Thermen lockten Gäste in die Stadt,
die hier Heilung suchen von Rheuma, Gicht,
von Hauterkrankungen und Gewicht.

46a

# Aachen

Buchgemeinschaft
"Deutschland"

# Die Eifel

Des Rheinischen Schiefergebirges Teil,
Wandergebiet mit Hügeln und  Höhen steil,
linksrheinisch zwischen Mosel und Niederrhein,
mit vielen Stauseen, im Ahrtal Wein,
mit den verschiedenen Maaren um Daun,
vulkanischen Ursprungs, schön anzuschau'n,
bewachsen und wie Edelstein blau,
Nordost-Zipfel der Ardennen bei Monschau,
vom deutsch-belgischen Naturpark ein Stück,
auch Tierliebhabern vollständiges Glück.
Im deutsch-luxemburgischen Naturschutzgebiet
man uralten Eichen- und Buchenwald sieht.
Das Klima und geringe Ackerkrume
erlauben nur einer anspruchslosen Blume
die Landschaft zu verwandeln zur Pfingstzeit
in Sonnengelb und blühende Heiterkeit.
Es ist Ginster, der in der Schnee-Eifel blüht,
zu erfreuen der Ausflügler Gemüt.

**Typisch Eifel:** Das Schalkenmehrener Maar bei Daun ist ein Beispiel
für die Seen, die mit Wasser gefüllte Vulkankrater sind

## Der Nürburgring

Willst Du Autofahrer beim Rennen sein,
fahre vorsichtig nach Adenau 'rein.
Die Straße ist kurvenreich und schmal,
viele Motorradfahrer kommen in's Tal
und lagern an der Rennstrecke
in kleinem Schlafzelt und Decke.
Doch naht dann der Auto-Rennbeginn
streben alle eilig zur Rampe hin.
Still ist das fröhliche Geschnatter,
man hört nur Rennwagen-Geknatter.
Augen flitzen im Tempo hin und her,
vor Sausen und Brausen hört man sonst nichts mehr.

## *F e u e r*

Erschreckend ist des Feuers Glut,
wenn sie dem Mensch raubt Hab und Gut;
zerstört den Wuchs im Regenwald,
nimmt in Kanonen an Gestalt.
Auch Blitz und Lava bringen Tod
und in den Ländern arge Not.

Doch wieviel Freude tun wir kund
beim Feuer*werk* gar hell und bunt,
am Kohlenfeuer winters  auch
und auf den Gipfeln, wo's noch Brauch,
mit Kerzen zum Geburtstagsfest
und Lampions für nette Gäst'.

Bedeutender als das man sieht
ist was im Inneren geschieht,
wenn Menschen sich begegnen froh
und Herzen brennen lichterloh.
Dies Feuer sich aus Lieb' erhebt.
Bewahrt es euch, so lang ihr lebt!

Aus Kramer/Matschoss
"Farben in Kultur u. Leben"

50

# 4. nach Nordland

## Hamburg

Hansestadt mit weltoffenem Hafen,
wo wir uns für ein paar Tage trafen.
Hast mir mit deinen Bauten gefallen,
dem Wasser, den netten Menschen allen.
Den Fahrstuhl in den Elfbtunnel wir wählen,
besuchen den Freihafen mit den Kanälen,
an denen liegt die Speicherstadt,
die riesige Silos und Container hat.
Die Michaeliskirche, Wahrzeichen der Stadt,
ihr hoher Westturm den Namen „Michel" hat,
ist ein Barockbau, wunderschön,
vom Turm kann man über ganz Hamburg seh'n.
An der Binnenalster über'n Jungfernsteg,
über die Brücke zur Außenalster geht unser Weg.
Abends wir über die Reeperbahn promenieren,
so viele fröhliche Menschen im Lichterglanz spazieren,
auch schauen in Lokalfenster hinein.
Das Angebot ist nicht nur Bier und Wein.
Im schönen „Planten und Blomen", der Flora
es dagegen viel erfreulicher war.
Bei Musik und bunten Wasserspielen
kann sich wirklich jeder wohlfühlen.

Villen in Blankenese suchen wir auf,
Fährhaus „Willkomm Höft", Neues zuhauf,
wo ankommende Schiffe begrüßt werden.
Kapitäne danken's  mit Horn und Gebärden.

*Reizvolle Ansichten auf die Stadt bieten sich von Hamburgs Wasserstraßen.*

```
aus ADAC
"Der Große Reiseführer
 Deutschland"
```

## Insel Sylt

Zur Insel Sylt ist das Interessante
der Eisenbahndamm, beidseits Wasserkante,
geschützt durch riesige Felsensteine.
Auf diesem Weg kommt niemand alleine
auf der anderen Seite am Ufer an,
nur im eigenen Auto auf der Bahn.
Im Hauptort Westerland angekommen
wird das Kurhaus in Augenschein genommen.
Das Heilklima lockte viele Gäste her,
so wurde Broterwerb der Fremdenverkehr.
Ackerbau und Fischfang waren beendet,
man sich anspruchsvollen Besuchern zuwendet.
R a n t u m  in Richtung Hörnum war unser Ziel,
ein Rundhaus auf der Düne uns gut gefiel.
So hatten wir besten Überblick aufs Meer
und den herrlichen Sandstrand rings umher.

Der Südspitze galt unsere Aufmerksamkeit.
Hier ist das Land keine 10 km breit.
In nordöstlicher Richtung wir in Kampen waren.
Da sah ich erstmals einen Rolls-Royce fahren.
Hohe Sandablagerungen am weißen Kliff
sind Nordfriesen ein bekannter Begriff

Foto
E.Vierthaler

# Helgoland

Gut vorbereitet war ich auf die Hochsee-Fahrt,
hab mich mit ander'n um den Schiffs-Schornstein geschart.
Wenig Bewegung und Blick in Richtung Ziel!
Am Morgen gefrühstückt hatt' ich auch nicht viel,
wollte mit Vernunft Seekrankheit vermeiden.
Wie sah ich etliche andere leiden!
Die hatten sich unterwegs mit Pflaumen erfrischt.
Nun hat es sie unschön und heftig erwischt.
Auf der Insel hatten wir ein paar Stunden dann
bis wir nachmittags traten die Rückfahrt an.
Eine Häuserreihe erschien mir recht spärlich,
Wege um den Fels, die lange Anna, gefährlich.
Nicht lange war die Insel Deutschland zurückgegeben.
1945 zerstörten britische Bomber alles Leben.
Dann von der britischen Luftwaffe benutzt als Übungsziel.
Die Großsprengung des U-Boot-Hafens schadete viel.
Jetzt kehrte das Inselvolk allmählich zurück,
baute im alten Stil auf Stück für Stück.
Als ich später die Insel nochmals aufgesucht,
haben wir für eine Nacht ein Zimmer gebucht;
konnten als viele Tausend die Insel verließen
ganz in Ruhe den Abend mit Hummer-Essen genießen.

Durch Anschüttung war das Unterland entstanden,
ein großes Schwimmbad, wunderschön, wie wir fanden.
Wir wanderten auf den felsigen Wegen auch,
erfuhren vom sparsamen Süßwasser-Verbrauch.

Buchgemeinschaft
"Deutschland"

59 a

## Zur Silberhochzeit

Gratulation dem Silberpaare,
um das sich unsere Feier dreht
und das nun 25 Jahre
gemeinsam durch reiches Leben geht.

Stellt man an diesem Ehrentage –
er bringe lauter Glück ins Haus –
vielleicht sich selbst einmal die Frage:
„Was zeichnet diese Ehe aus?",

dann wird man leicht die Antwort finden:
wo eines so zum andern paßt,
wo Herz und Tatkraft sich verbinden,
da ist das Glück sehr gerne Gast!

Da strahlt des Lebens schönste Blüte,
die Nächstenliebe, hilfsbereit.
Da werden Redlichkeit und Güte
zur schönsten Selbstverständlichkeit.

Sie kannte weder Furcht noch Schwanken,
ging treulich mit auf allen Wegen,
gab nur fürsorgliche Gedanken.
Drum künftig weiter Gottes Segen!

*Zur Vollendung des 100. Lebensjahres*

100 Jahre sind's gewiß wert,
daß man Dich hier gebührend ehrt.

Auf diese Kette aufgereiht
hab'n wir Pfennige mit der Zeit.

100 dieser Exemplare
steh'n für Deine Lebensjahre.

Manche strahlen vor lauter Glück,
andr'e sind dunkel Stück für Stück.

Licht und Schatten hat's gegeben
in Deinem erfüllten Leben.

Zum heut'gen Feste wünschen wir
künftig glanzvolle Tage Dir!

## Frühling

Es fliegt ein buntes Vögelein
zu mir in meinen Garten,
es trägt im gelben Schnäbelein
von Stroh sehr lang zwei   Halme fein
zum Nest, es will nicht warten.

Mein Beet wird farbig überall,
in rot und gelb und blau.
Die Sträucher grünen schon im Tal,
die Kinder werfen weg den Schal,
und alles knospet schon im Tau.

## Auf der Achterbahn
### (Knittelvers)

Sause, oh sause, eins , zwei und drei,
das geht ja fix hoch, ich bin dabei!
Lange schon wollt ich einsteigen hier,
doch jetzt diese Tiefe! Wie wird es mir?
Furcht vor der eignen Courage nun.
Ich werd' es so schnell nicht wieder tun.
Rauf, runter, rauf! Oje, viel zu schnell!
Ach, wär' doch 'ne Bremse hier zur Stell!

## Am Strand

Schönes Mädchen, ganz allein
in dem Strandkorbe in blau,
und es ist doch Platz zu zwei'n,
wäre sie doch meine Frau!

Ach, wie würde ich umfassen
abends sie beim Mondenschein,
würd' mir's nicht verwehren lassen,
und sie wäre dann ganz mein.